★ ★ ★

1893

JERRE OU PAIX

« En politique comme en guerre, le combat n'est pas le but..... c'est la victoire. »

MANIN.

« La France veut la paix, la liberté..... et ses provinces d'Alsace et de Lorraine, si celles-ci, librement consultées, réclament encore hautement leur nationalité. »

★ ★ ★

PRIX : UN FRANC

PARIS

1893

1893

GUERRE OU PAIX

57

★ ★ ★

1893

GUERRE OU PAIX

> « En politique comme en guerre, le combat n'est pas le but..... c'est la victoire. »
>
> MANIN.

> « La France veut la paix, la liberté..... et ses provinces d'Alsace et de Lorraine, si celles-ci, librement consultées, réclament encore hautement leur nationalité. »
>
> ★ ★ ★

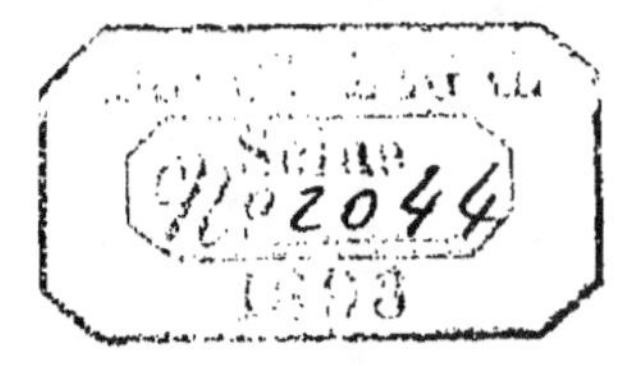

PARIS

E. DENTU, ÉDITEUR

LIBRAIRE DE LA SOCIÉTÉ DES GENS DE LETTRES

3, PLACE DE VALOIS (PALAIS-ROYAL)

—

1893

Cet essai de politique internationale a pour but de montrer le rôle pacifique de la France républicaine devant l'Europe, et de répondre aux préoccupations belliqueuses de l'Allemagne par un nouvel appel à la paix.

Il faudra de grands efforts pour conjurer la guerre, et cependant la pensée du désarmement général a gagné les masses, plus encore peut-être de l'autre côté du Rhin qu'en France. Les plus sincères patriotes, qu'ils soient Allemands ou Français, se soucient moins, en réalité, des chances de victoire que du principe même d'une lutte engagée de nouveau entre les deux peuples, pour décider de la possession des deux provinces objet de leurs dissentiments. Quoi qu'il en soit, cette pensée de paix s'imposera aux gouvernements monarchiques du vieux monde, quoi que fasse, pour s'y soustraire, le chancelier d'Allemagne. Il y a quelques jours, un député du Reichstag demandait la création de tribunaux d'arbitrage pour résoudre les conflits internationaux, en faisant allusion aux responsabilités de l'Allemagne dans la guerre de 1870.

Il y a des courants d'opinion contre lesquels lutteraient en vain tous les protocoles et toutes les notes des chancelleries. On ne veut plus la guerre ! et M. de Caprivi le sait fort bien, tout en déclarant que « si un tribunal arbitral décidait que l'Allemagne dût restituer l'Alsace et la Lorraine, aucun citoyen ne se soumettrait à cette décision et qu'on donnerait jusqu'à la dernière goutte de son sang pour conserver les glorieuses conquêtes ».

Des déclarations semblables feraient sourire, si elles n'indiquaient pas les tendances d'un gouvernement très autocrate, qui ne voit que la guerre et le triomphe, même douteux, de ses armes, pour affermir sa puissance. L'Empereur d'Allemagne veut peut-être la guerre, mais le peuple allemand ne la veut pas plus que le peuple de France ! Les discussions du Reichstag ne doivent laisser aucune illusion à cet égard.

Le second but de cette note est de montrer les fautes de politique extérieure que le gouvernement de la République a commises depuis vingt ans, et de faire appel à tous ceux qui défendent les grands intérêts de notre pays, sans souci des hommes d'État d'aventure qui l'ont dirigé et le dirigent encore. Enfin, et c'est le but à atteindre : tenter de concentrer tous les efforts, de réunir toutes les volontés dans une grande ligue internationale... *ligue pour le repos du monde... la ligue de la paix.*

Si les patriotes savaient vouloir, ils sauraient s'unir pour conjurer la guerre par raison humaine, au-dessus des raisons d'État.

L'Angleterre elle-même, dont les scrupules humanitaires ne servent pas de base à sa politique, n'a-t-elle pas cédé à la pression des philhellènes en restituant, il y a soixante ans, les îles Ioniennes au petit royaume de Grèce? C'est le plus bel acte de générosité et de grandeur que nous relevions dans les fastes du Royaume-Uni.

Mais la France ne doit-elle pas attendre les propositions de l'Allemagne? Elle a été vaincue; elle attend les offres du vainqueur... dans une paix armée qui arrête le mouvement de progrès de l'humanité.

La monarchie, en principe, se soutient souvent par la guerre. La vraie force de la République est de consacrer la paix; peut-être réussira-t-elle à épargner à notre génération déjà si éprouvée de nouvelles hécatombes.

Nous avons insinué que, pour acheter la paix du monde, la France rachèterait ses provinces; elle paierait 3, 4 milliards et donnerait même sa colonie d'Extrême-Orient, où elle a dépensé plus d'un milliard. C'était la pensée de Mgr Freppel. On peut en juger par la lettre ci-jointe de ce grand patriote, lettre qui devrait rester célèbre. Mgr Freppel était Lorrain. Il s'adressa au Souverain-Pontife pour protester de l'annexion de l'Alsace-Lorrraine à l'Allemagne. Le Saint-Père comme arbitre, comme juge suprême, comme l'élu de la chrétienté, est la plus haute représentation de l'autorité humaine devant toutes les nations de la terre.

Au Tonkin nos sacrifices d'hommes et d'argent n'ont servi qu'au développement du commerce de la Chine, de l'Allemagne et de l'Angleterre. Nous le montrerons tout à l'heure.

Les appels au sens commun sont traités de chimères!... parce que la vérité, quelque éclatante qu'elle soit pour ceux qui ont vu, reste toujours voilée en France! Voilée par cet intérêt de parti qui *depuis vingt ans a primé tous les autres intérêts,* au risque d'y voir sombrer ceux de la France et de la République au profit de l'étranger!

Ceux qui ont vu doivent se taire par dévouement aveugle au pays, par devoir... jusqu'au moment où l'indignation remontant du cœur aux lèvres éclate comme aujourd'hui devant les coalitions du mensonge et de l'erreur, dans un grand élan d'indignation nationale.

En résumé, les nations de l'Europe, et la France la première, hésitent devant les responsabilités d'un défi de nation à nation...

Est-ce la paix? est-ce la guerre? L'état social de notre vieux monde s'exprimerait plus exactement en disant : *Ni guerre, ni paix!*

Quant à nous, nous le disons hautement, nous voulons la paix.

Mais est-il besoin d'ajouter que les pacifiques les plus acharnés se mettraient au premier rang, s'il le fallait, pour combattre encore et repousser l'étranger?

★ ★ ★

Mars 1893.

LETTRE DE MGR FREPPEL

AU PAPE LÉON XIII

———

(Cette lettre remarquable a été écrite au Saint-Père, en 1887, pour solliciter sa médiation en vue d'une solution pacifique et patriotique de la question d'Alsace-Lorraine, qui se dresse toujours entre l'Allemagne et la France, comme une menace de conflit sans espoir d'apaisement.)

Très Saint-Père,

La situation entre la France et l'Allemagne est telle qu'un choc terrible peut éclater un jour ou l'autre. On frémit à la pensée d'innombrables victimes humaines qu'entraînerait une telle guerre. La partie est à peu près égale de part et d'autre, ce qui rendra la lutte d'autant plus sanglante, sinon plus longue. Encore s'il pouvait en résulter un état de choses définitif! Mais il est clair qu'à moins d'avoir été en quelque sorte exterminée, la nation vaincue ne songera qu'à reprendre sa revanche, à quinze ou vingt ans de là. Quelle que soit l'issue de la guerre, l'Europe n'en restera pas moins sous la menace d'une conflagration générale. De là des armements dont les peuples ne pourraient pas supporter le poids indéfiniment; des causes de mécontentement qui, exploitées par les anarchistes, pourraient bien amener un bouleversement social. Il est impossible que des politiques avisés ne soient frappés d'un si grave péril et ne se préoccupent d'y chercher un remède efficace.

Dans une telle extrémité, Très Saint-Père, je me permets de penser que l'intervention de Votre Sainteté pourrait seule conjurer un danger dont l'imminence saute aux yeux. Mais pour bien déterminer les conditions dans lesquelles la médiation du Chef suprême de l'Église pourrait se produire avec espoir de succès, il importe avant tout de préciser le nœud de la difficulté.

Il n'est peut-être pas deux pays dont les intérêts soient moins contraires et concordent mieux, sauf sur un seul point, que la France et l'Allemagne. Mais ce point est grave, M. de Bismarck l'a très bien indiqué au Reichstag: « Nous avons une vieille querelle à vider sur la délimitation de nos frontières respectives. » L'histoire est là pour le prouver. Mais vouloir s'obstiner à placer la question purement et simplement sur le terrain du droit historique, c'est la rendre insoluble. On raisonnera là-dessus à perte de vue dans les chancelleries comme dans les universités. On dira d'un côté — et l'on n'aura pas tort — que l'Alsace a été incorporée pendant des siècles à l'empire d'Allemagne.

On répondra de l'autre — et l'on aura raison — que la priorité historique est en faveur de la domination française et que, du ve au xe siècle, comme du xiiie au xive siècle, l'Alsace a fait partie de là France. Impossible de trancher la difficulté par des considérations de ce genre, et si l'on persiste à vouloir s'y renfermer, on n'aboutira qu'à des guerres sans fin.

Mais il est deux faits incontestables qui me semblent dominer toute la question. Le premier, c'est que, depuis deux siècles, la France s'est assimilée l'Alsace, à tel point que l'Alsace est devenue de cœur et d'âme l'une des provinces les plus françaises de la France : personne ne l'ignore, en Allemagne comme ailleurs. Une consultation des populations de l'Alsace-Lorraine sur ce point aurait un résultat connu d'avance de tout le monde. Un deuxième fait non moins indiscutable, c'est qu'il n'y a pas, des Alpes à l'Océan et des Pyrénées à la mer du Nord, un seul Français qui renoncera jamais à la possession de l'Alsace-Lorraine. Il n'est pas en Europe un homme d'État tant soit peu versé dans les choses de son temps qui n'en soit convaincu, et on ne l'ignore pas plus en Allemagne qu'en France.

Dès lors, à moins de vouloir soulever des conflits interminables, il faut absolument tenir compte de ces deux faits, si l'on entend résoudre la question autrement que par le sort des armes, toujours variable et douteux.

Mais, d'autre part, Très Saint-Père, il est également juste de mettre en ligne de compte les intérêts de l'Allemagne, son amour-propre national et les résultats de la guerre de 1870. A moins de vouloir de nouveau en appeler aux armes, ce qui n'amènerait d'ailleurs pas un résultat définitif, la France ne saurait raisonnablement revendiquer le *statu quo ante* sans avoir aucune espèce d'égard à l'état présent des choses. Certains sacrifices, de sa part, semblent indiqués conformément au droit des gens.

Cela étant, je demanderai à Votre Sainteté la permission d'indiquer sur quelles bases, à mon humble avis, une offre de médiation pourrait se produire avec quelque espérance de succès :

I. — Rétrocession à la France de l'Alsace et Lorraine, moyennant une indemnité de cinq milliards de francs à payer à l'Allemagne.

II. — Faculté pour l'Allemagne de détruire les travaux exécutés depuis 1870 à Metz, à Strasbourg et dans d'autres villes fortes pour ajouter à leur valeur stratégique, afin que la France ne puisse pas en bénéficier.

III. — Traité de paix comprenant un désarmement réciproque, dont les conditions seraient fixées d'un commun accord.

La première de ces clauses constituerait un sacrifice bien

pénible pour la France, déjà si éprouvée par la crise agricole, industrielle et commerciale. Mais je suis convaincu que le patriotisme de nos populations ne leur permettrait pas de reculer devant cette charge, quelque lourde qu'elle pût leur paraître.

La deuxième clause réduirait, par le fait, Strasbourg et Metz à l'état de villes ouvertes ; car la destruction des ouvrages exécutés par l'Allemagne depuis 1870 leur ôterait toute valeur comme forteresses, et la France, épuisée par une indemnité de cinq milliards, ne pourrait songer à vouloir, au prix de nouveaux sacrifices, relever des forts sans utilité.

La troisième clause répondrait au vœu des deux nations et entraînerait, par voie de conséquence nécessaire, un désarmement général.

Telles sont, Très Saint-Père, les trois bases sur lesquelles une offre de médiation me semblerait pouvoir se produire utilement. Ni l'intérêt ni l'amour-propre des deux pays ne pourraient en souffrir au delà d'une juste mesure. Car il est évident que dans un arrangement pacifique, tous les sacrifices ne sauraient être d'un seul côté.

Quand je pense à la grandeur du but à atteindre et aux terribles éventualités qui menacent l'Europe, je me refuse à croire que des propositions aussi équitables ne trouveraient pas d'écho dans les conseils des deux pays.

Simple député au Parlement français, je n'ai pas qualité pour en saisir le gouvernement de mon pays, d'autant moins qu'il s'agit d'une question internationale. Mais si Votre Sainteté, appréciant la situation dans sa haute sagesse, jugeait à propos de prendre l'initiative auprès des deux gouvernements à la fois, j'ai encore assez de confiance dans la modération des deux cabinets et dans le bon sens public, pour espérer que sa voix serait écoutée de part et d'autre.

Le vote du septennat au Reichstag allemand pourra ajourner le conflit ; mais tant que la question de l'Alsace-Lorraine ne sera pas résolue par une médiation basée sur de justes propositions, le progrès indéfini des armements aura pour conséquence inévitable une guerre d'autant plus sanglante qu'elle aura été plus différée et mieux préparée.

C'est aux applaudissements du monde entier que Votre Sainteté accomplirait cette œuvre de paix. L'histoire n'aurait guère de plus belle page que celle-là... Mais je dois m'arrêter ici, en priant Votre Sainteté d'excuser la liberté que j'ai prise de lui communiquer des réflexions uniquement inspirées par mon amour pour l'Eglise et pour mon pays.

De Votre Sainteté le très humble, très dévoué, très obéissant serviteur,

Signé : CH.-ÉMILE FREPPEL,

Évêque d'Angers, membre de la Chambre des Députés.

GUERRE OU PAIX

La situation de l'Europe est telle qu'on n'ose même plus parler de paix, dans la crainte que le mot seul ne suscite la guerre !

Il est vrai que jamais d'armées aussi nombreuses n'ont été aussi prêtes qu'aujourd'hui à entrer en campagne, à être mobilisées, et, si tant de préparatifs belliqueux devaient aboutir, sans combattre, à la paix du monde, ils seraient la preuve la plus imposante, la plus irréfutable, de l'inconséquence humaine.

Cependant, un tel état de choses ne peut se terminer que par la ruine des vainqueurs et des vaincus, ou par le désarmement.

L'Europe va-t-elle fermer le grand siècle de progrès et de civilisation par des hécatombes ?

Il est hors de doute que les vœux de toutes les nations civilisées tendent à l'apaisement des rivalités et des haines pour assurer le maintien de la paix. C'est aussi le vœu des gouvernements eux-mêmes, à l'exception, peut-être, de celui de l'Empereur d'Allemagne, dont les préférences peu dis-

simulées sont la conséquence de son principe même.
Pour se maintenir il lui faut la guerre! Et c'est pour ce
motif seul qu'elle est à craindre. Elle peut éclater. Pourquoi? On n'en sait rien... sans motifs... est-ce possible?
Parce qu'il le faut! Quand des armées sont en présence,
toutes prêtes au combat, il suffit d'un coup de feu tiré par
un impatient, il suffit d'un incident de frontière, de la
moindre discussion d'intérêt, d'une condition de traité de
commerce imposée ou refusée, pour remettre tout diffé-
rend au sort des armes. Si vous voulez réellement la
paix, dirait un juge suprême, désarmez et utilisez vos forces à des travaux moins improductifs que de placer des sen-
tinelles à vos frontières et à construire des forteresses! A
ces préparatifs de guerre, l'Europe a employé près de
100 milliards depuis 23 ans. Ils eussent été beaucoup mieux
utilisés à des œuvres durables, à des travaux destinés à
l'amélioration du sort de l'espèce humaine. Aussi qu'arrive-t-il? Pendant que le continent européen reste presque
stationnaire, absorbé par des travaux militaires pour l'at-
taque et la défense, le nouveau monde s'est transformé, et
c'est en Amérique, à San Francisco, à Chicago, à New York
qu'il faut aller chercher les véritables progrès de l'humanité. Nous sommes, à beaucoup de points de vue, devenus,
sans exagération, les barbares du vieux monde, qui, ne
pouvant pas se liguer dans un intérêt commun, se prépa-
rent sans cesse à la guerre, ne veulent pas désarmer, et
constituent les États *désunis* de l'Europe.

Et le mal est sans remède, à moins que la voix du peuple,
qui est peut-être bien réellement la voix de Dieu, n'impose
aux gouvernements par des « ligues de bien public » une
solution pacifique qui conduise au désarmement général.

L'équilibre n'est pas encore établi, dira-t-on ; et chaque nation, tout au moins l'Allemagne, l'Angleterre et la France, a l'ambition de faire tourner à son profit l'évolution pacifique du monde, après la prochaine guerre, que rendent inévitable les revendications plus ou moins voilées de chacun à la direction des intérêts européens.

La France renoncera-t-elle à tous ses efforts pour laisser bénéficier l'Allemagne de la situation actuelle ? — Nous avons commis de grandes fautes de politique extérieure, mais nous ne saurions les réparer par la guerre !

Nous autres patriotes, nous répondrons que si la France était victorieuse, elle serait probablement ruinée comme l'Allemagne, d'ailleurs.

Et si elle était vaincue !... l'Allemagne n'en serait guère plus avancée. En réalité, ce serait l'Angleterre qui aurait tous les profits de la lutte des deux nations ; elle aurait tout accaparé pendant les combats du continent, et ce serait elle la victorieuse, pendant qu'Allemands et Français auraient fait la guerre.

Quant à la Russie... elle est bien loin ! elle a encore trop à faire pour elle-même pour pouvoir s'intéresser au sort des autres. Elle est très riche... mais elle a besoin d'argent pour faire valoir son sol, ses mines, tout ce qu'elle possède ou possèdera un jour, quand elle pourra exploiter. L'épargne française lui a fourni 4 milliards. C'est un lien !

Le gouvernement de la République est consacré à la paix, et, cependant, on peut lui reprocher d'avoir toujours fait la guerre depuis vingt ans : au Tonkin, à Madagascar, en Tunisie et au Dahomey.

On commence à comprendre que ces guerres improductives, à l'exception de celle de Tunisie, qui n'a pas été une lutte dans le sens absolu du mot, ont été préparées par des influences étrangères. Il faut que la République soit, réellement, par son principe même, au-dessus de toutes les attaques et de toutes les trahisons, pour avoir résisté à toutes ses fautes et aux manifestations de la conscience publique. Toute monarchie eût été renversée! La République se contentera d'épurer ses ministères et ses représentations à l'étranger.

Nous montrerons tout à l'heure ce qu'a été la Tunisie et — ce qu'elle est encore.

Mais nous pouvons nous demander à nous-mêmes, nous devons le demander à l'histoire, à qui ont servi nos guerres? — A faire le jeu de nos ennemis, de nos rivaux.

La guerre de Crimée, faite par l'Empire, par raison dynastique, a été l'œuvre de l'Angleterre contre la Russie. Nous avons perdu 100 000 hommes. La guerre d'Italie a été dirigée contre l'Autriche, l'Empereur était carbonaro; il a été le véritable libérateur de l'Italie. Il avait joué un grand rôle! N'était-ce pas l'apogée de la puissance impériale, le jour où l'Autriche remit la Vénétie à la France pour la rendre à l'Italie?

Cette dernière puissance ne retournera-t-elle pas un jour ses armes contre nous? Nous en appelons aux patriotes italiens. Ne serait-ce pas un crime abominable?

Il n'y a pas de raison d'État qui tienne! Le roi Humbert ne saurait être le témoin de l'empereur Guillaume! On a objecté que la France s'était payée de la guerre d'Italie en prenant la Savoie et le comté de Nice; mais leurs populations ont été consultées! elles se sont déclarées françaises; et l'annexion de ces provinces n'a rien de comparable à l'annexion de l'Alsace-Lorraine à l'Allemagne. Le vœu des habitants, je le répète, a été respecté.

Les Allemands opposent à nos théories humanitaires, à notre principe du suffrage universel, au principe admis par toutes les nationalités, l'esprit de conquête qui a inspiré la guerre de 1870. Nous voulions nos frontières du Rhin et nous les aurions prises si l'empereur Napoléon III avait été victorieux! — Nous les aurions prises assurément, mais *nous ne les aurions pas gardées contre le vœu des populations.* — Quel qu'eût été le gouvernement de la France après sa victoire, république, monarchie ou empire, avec le suffrage universel comme base fondamentale de gouvernement, il eût été impossible de conserver des pays qui eussent protesté sans cesse contre leur annexion par la voix de ses représentants.

Est-il vrai que, depuis 23 ans, les deux provinces annexées à l'empire d'Allemagne subissent impatiemment la loi du vainqueur?

Qu'on les consulte!

Si l'Alsace et la Lorraine optent pour l'Allemagne, la France n'aura qu'à s'incliner, à oublier! Ce résultat prouverait que l'Allemagne a réussi, au delà même de ses espérances, à germaniser.

Mais si ces provinces continuent à protester de leur attachement à la France, nous en appelons au gouvernement de l'Empereur, à l'Allemagne tout entière, la rançon du vaincu ne peut être maintenue : qu'on la transforme!

Une guerre de conquête se justifie par la loi du progrès qui est la loi de l'humanité...

Elle a sa raison d'être en Océanie contre des sauvages, contre des cannibales ; en Afrique, en Asie même ; au Tonkin, où nous avions été accueillis comme des libérateurs.

Il faut conquérir pour pacifier ensuite !

La Gaule barbare a été conquise et pacifiée par César ; Rome faisait la loi au monde et en était digne ; mais l'Allemagne accomplit-elle une œuvre providentielle dans les provinces de France annexées ? Il est inadmissible que l'humanité soit toujours sacrifiée à la botte d'un soldat !

L'heure est-elle venue d'une évolution germanique comme la comprend le chancelier de Caprivi pour sauver le vieux monde de cette évolution socialiste et humanitaire qui a fait le triomphe des Etats-Unis d'Amérique ?

« Tout le sang de la Germanie pour la conservation des provinces d'Alsace et de Lorraine » ! s'écrie le chancelier de l'Empire, quand le Reichstag parle de désarmement ou s'oppose aux exigences sans cesse croissantes des projets de loi militaires.

Jules Favre parlait avec la même emphase que M. de Caprivi, en déclarant qu'il ne cèderait jamais un pouce de terre ni une pierre des forteresses de la France ! Entre temps, il allait signer avec M. de Bismarck les préliminaires de la paix de 1870, et nos généraux qui sortaient de Paris pour aller combattre déclaraient qu'ils ne rentreraient que morts ou victorieux !... Forfanteries politiques et militaires !

Mais M. de Caprivi, qui engagerait tout le sang de la Germanie plutôt que de céder sur la question d'Alsace-Lorraine, ne connaît pas, n'admet pas la paix du monde ni le vœu des populations, encore moins le principe du suffrage universel, pour arrêter les destinées de ceux qui ont le droit de vivre !

Le glaive de Mahomet avait sa raison d'être pour convertir à l'Islam toute l'Afrique idolâtre, livrée au plus bas fétichisme. Le prophète Mahomet a eu son rôle providentiel sur le continent africain; mais la France n'est pas une population d'esclaves, et parce que les derniers empereurs d'Occident, Guillaume et Napoléon III, ont voulu: celui-ci, pour sauver sa dynastie, le premier pour établir la sienne, susciter la guerre de nation à nation, est-ce une raison de maintenir toujours en esclavage les ôtages enlevés de force après la lutte ?...

Si cette lutte ne doit pas se renouveler, les ôtages doivent être rendus... à moins qu'ils n'optent pour leur nouvelle nationalité !

Nous ne pouvons même pas admettre une théorie de protectorat, comme celle qui peut avoir cours, pour répondre aux subtilités des mandarins de la Chine, ou pour calmer l'amour-propre irrité du chef des croyants. Les Alsaciens-Lorrains ne sont pas de race jaune ou de race noire, ils ne sont pas avilis par des siècles d'esclavage ; ils sont Francs. Qu'ils se déclarent, eux-mêmes, Français ou Germains ! et, cette déclaration acquise, le monde continuera son évolution de progrès, qui doit le conduire à la paix, par l'union de toutes les capacités et de tous les courages.

Le grand Empire germanique a été réellement conquis, constitué par la dynastie des Hohenzollern. Ceux-ci marqueront un grand rôle dans l'histoire d'Allemagne ! La lutte contre la France a servi à liguer d'abord, puis à unir toute la Germanie ; elle était hésitante, la Prusse l'a conquise sans la combattre, en l'unissant pour lui donner la victoire et lui créer des liens indissolubles.

Mais l'Empereur ne s'y trompe pas, ces liens ne tiennent

que par la victoire! Les beaux fleurons de sa couronne s'égréneraient peut-être à la première défaite!... Mais ce sont « choses de Germanie », qui ne nous regardent pas! elle est maîtresse de ses destinées comme la France doit rester maîtresse des siennes. En dépit et à la suite de beaucoup d'épreuves, elle est devenue et restera républicaine.

Pour maintenir cette cohésion des Etats d'Allemagne, la grande œuvre des Hohenzollern, il peut paraître utile de renouveler périodiquement la lutte contre la France! Ne faut-il pas étouffer ces germes de socialisme qui préoccupent toutes les monarchies du vieux monde? — Il faut anéantir ces idées d'indépendance qui existent peut-être encore dans les États de Germanie; ils n'ont d'autres causes que l'exagération des exigences militaires! L'Europe ne serait qu'un vaste camp! Un tel état de choses soulève de justes commentaires. L'humanité a beaucoup progressé depuis vingt ans. Elle se révolte et s'indigne du rôle qu'elle joue dans les préoccupations de certains hommes d'État. L'amour-propre national tient en éveil les courages. C'est l'arme redoutable dont disposent les souverains de la terre.

Entre l'Allemagne et la France, il y a la question d'amour-propre national! — Mais elle peut-être apaisée; elle doit l'être!

Les hommes d'État de l'Europe, ceux de France et d'Allemagne, en s'unissant, trouveront d'autres arguments que le sort des armes! A moins que la guerre soit décidément un jeu utile et agréable à l'humanité; mais je crois plus facilement que ce jeu a été bien souvent décrété par des hommes qui n'en connaissaient pas les horreurs ou par ceux qui n'en redoutaient pas les conséquences, par des hommes pour qui l'humanité, elle-même, n'est qu'un jeu.

Il n'y a aucun mérite à être brave quand on conduit au combat une armée ou une flotte qu'on commande !... C'est la plus grande joie d'un chef qui croit au succès, s'il l'a préparé longuement, s'il y a consacré tous ses efforts. C'est l'heure suprême pour les chefs qui dirigent le jeu de la guerre, combattre et être victorieux! Joie immense, ou bien... inénarrable douleur ! — Mais dans la joie du triomphe il y a les heures douloureuses... Tant de sang pour un peu de gloire !... Tant de deuils, tant de larmes ! Il faut avoir vécu ces moments-là pour les connaître, pour apprécier l'étendue de ces heures de joies et de ces heures de douleurs !

N'admirez pas les chefs !, Il n'ont fait que leur devoir, facilement. Admirons plutôt les soldats !

Le résultat de nos réflexions est que je ne crois plus à la grande guerre, parce qu'il faut être deux nations rivales pour la vouloir et que la volonté cachée de l'un des adversaires ne suffit pas. En 1870, les deux Empereurs la voulaient. La République la repousserait toujours, même avec la certitude de vaincre. Elle n'attaquera plus, et, si le sort de ses deux provinces était arrêté définitivement par un appel au suffrage universel, elle désarmerait.

L'évolution de l'Europe sous l'influence germanique, telle qu'elle se manifeste, ferait retomber le vieux monde de vingt siècles en arrière.

Après avoir été romaine, la France a failli devenir anglaise. Mais les luttes du moyen âge ne [tenaient aucun compte de ces droits des peuples, de ces droits des nationalités que nous ne cessons d'invoquer, et qui sont les lois imprescriptibles, les lois fondamentales de l'humanité.

Quand Guillaume le Conquérant débarqua dans l'île de la Grande-Bretagne, il trébucha, dit-on. En se relevant, les mains pleines de terre, il dit à ses compagnons, qui étaient du meilleur sang de France : « Voilà une terre que j'ai saisie et que je ne lâcherai plus ! » Deux siècles plus tard, les rois d'Angleterre invoquèrent leurs droits au royaume de France, ils réclamaient tout au moins la Normandie et l'Aquitaine ; leurs prétentions étaient fondées !... Elles pouvaient se discuter, comme celles de l'empereur Guillaume aux provinces d'Alsace-Lorraine.

... Voilà la guerre de Cent ans !

Mais c'est la loi du peuple qui a triomphé !

Sont-ce des prétentions semblables à celles des rois d'Angleterre au moyen âge sur les provinces de France que l'Allemagne voudrait invoquer pour justifier sa conquête ?

— Ces prétentions sont discutables, mais ne sont plus à discuter !

La conquête de Guillaume de Normandie au xiiie siècle avait sa raison d'être.

L'empereur Guillaume, à la fin du xixe siècle, a conquis l'Allemagne en faisant la guerre à la France, et a constitué la nationalité allemande.

Les provinces d'Alsace et de Lorraine sont-elles allemandes, et veulent-elles s'y incorporer ? tout est là. — Elles sont restées françaises ! Et le gouvernement du nouvel Empereur ne se risquerait pas à une manifestation du suffrage universel... Il préférerait la guerre !

Si la théorie d'Attila est encore admise, la France reste armée !... Mais la loi du peuple triompherait encore !

La République a recueilli, des gouvernements qui l'ont

précédée, un lourd héritage! Elle a commis elle-même de grandes fautes; elle les expie et saura les réparer.

Ceci n'est pas un cri de guerre; bien au contraire, c'est un appel à la concorde, à la paix du monde, et nous voudrions le faire entendre de l'étranger, de nos rivaux, de nos ennemis de demain peut-être. Devant eux, ils le savent, il n'y a qu'un grand parti en France, le parti national! Les républicains, et nous tendons tous à le devenir, trouveront dans la critique de notre politique, à l'intérieur et à l'extérieur, la justification de bien des fautes dont nous portons tous, il faut le reconnaître, la responsabilité. Elles ont été commises inconsciemment par des hommes trop nouveaux aux affaires, et consacrées par le régime parlementaire, qui, dans son exagération, ne peut produire qu'inconséquence, avec la meilleure foi du monde! Ce régime a servi, depuis 23 ans, à consacrer, sous une forme d'infaillibilité indiscutable, toutes les erreurs, toutes les fautes de politique extérieure et intérieure qui ont tellement abaissé la France qu'il faudra un grand réveil de l'honneur national et de la conscience publique pour les réparer, les faire oublier. Ce réveil est douloureux, très douloureux même!

Nous avons eu le triste spectacle des félonies qu'abritait cette infaillibilité parlementaire. Les grandes fautes, inexplicables même par l'incompétence d'un parlement devenu pouvoir exécutif, cachaient des mystifications honteuses.

Un ministre recevait de l'argent pour le dépôt d'un projet de loi; des agents internationaux, des financiers, avaient dans les questions de politique extérieure de la plus haute importance des influences que nous ne soupçonnions pas!

On se venge, on se console d'une bataille perdue ! on ne se résigne pas à de semblables défaites, à de semblables trahisons en pleine paix !

Des armées sont inutiles dans des combats de ce genre !... C'est d'ailleurs à des procédés semblables que l'Angleterre doit ses plus belles victoires ; elle ne néglige pas les succès obtenus avec quelques milliers de livres sterling. C'est l'emploi judicieux de ses fonds secrets ! Et, pendant le temps que nous nous usons, en France, dans des luttes stériles, l'Angleterre va droit au but... et réussit, hélas ! sans grand effort.

C'est que le gouvernement du Royaume-Uni est au-dessus de tout soupçon, chez lui ! Le nôtre s'éteint, comme l'avait prédit M. Thiers, dans l'imbécillité... La couche sociale qui s'était emparée du pouvoir a disparu ou va dis-paraître.

Oui, il faut revenir en arrière !... Les pouvoirs appar-tiennent aux plus dignes... Ne nous payons plus de vains mots et de vaines doctrines !...

Le régime parlementaire, dans ses excès, a fini par an-nuler le pouvoir exécutif en s'y substituant. Celui-ci n'existe plus, ni en fait, ni en droit.

La conséquence d'un tel état politique a été, pour la France, une succession de méprises qui ont porté atteinte à son prestige ; elle en souffre impatiemment. Cependant, son crédit n'est pas atteint, et elle saura réparer ses erreurs par de grands sacrifices, par de grands efforts dans la paix ou dans la guerre, si ses ennemis l'y contraignaient en-core. Cependant elle est résolue, et la forme même de son gouvernement impersonnel la met à l'abri de tous les en-traînements, de tous les froissements même, à ne jamais plus déclarer la guerre. Ses armées ne s'ébranleront que pour la défendre.

Malgré le chiffre énorme de sa dette, 33 milliards, le crédit français monte encore à chaque nouvel emprunt : c'est ce qui fait penser que, pour arriver à la paix, en l'achetant même par des monceaux d'or, pour arriver à la paix du vieux monde, consacrée par le désarmement général de l'Europe, notre France ferait des prodiges et son crédit s'élèverait encore.

Cependant, les crises financières des autres pays de l'Europe peuvent, un jour, nous atteindre. Dans cette lutte de paix armée qui absorbe toutes les forces vives en immobilisant, en partie, travail et capital, ne sommes-nous pas exposés comme d'autres nations aux fausses spéculations, à la ruine ?...

Tous les États de l'Europe se tiennent, et cependant plusieurs n'ont-ils pas eu la banqueroute? L'argent français n'a-t-il pas plus d'une fois conjuré de grandes difficultés au delà de nos frontières?

Dans l'effondrement des régimes qui ont précédé la République, il est resté des ruines qui s'aplaniront, qui disparaîtront avec le temps, avec l'expérience, nous l'espérons ; mais, en admettant que la forme républicaine soit la meilleure façon de gouverner les peuples, ce mode de gouvernement, de droit essentiellement humain, est soumis, autant que tout autre, à toutes les erreurs de l'humanité, et il a contre lui les monarchies de la vieille Europe !

Depuis vingt ans, ces erreurs, en se renouvelant, ont, en même temps, ce qui peut paraître un paradoxe, affermi et compromis la République. Les nations étrangères l'ont laissée vivre, espérant l'épuiser par ses propres fautes. Elle a résisté, mais elle a beaucoup souffert ; et, dans le réveil de la conscience nationale qui vient d'éclater au grand jour, on trouve sacrifiés les plus chers intérêts de la France.

La plus étrange erreur n'est-elle pas ce déplacement des responsabilités qui a fait du Parlement, seul, le grand moteur de la politique de la France, à l'extérieur et à l'intérieur?

Quant au Sénat, ce grand pondérateur, on n'en parle même plus ; il est complètement oublié ! Est-ce à dire que la Chambre haute soit au dessous de la Chambre des députés ? Bien au contraire. Les plus grands hommes d'Etat, les plus grands orateurs s'y trouvent ; et leur sagesse, si inutile au Luxembourg, pourrait être d'un grand poids dans les discussions orageuses du Palais-Bourbon.

J'en arrive à insinuer qu'avec une seule Chambre nous aurions bien assez de gouvernants ! Le pays aurait, certes, tout à gagner de la fusion du Sénat et du Parlement !

Je dirais presque que le Sénat n'est que la tradition de l'Empire...

Si l'Angleterre a sa Chambre des Lords, on ne comprend réellement pas trop pourquoi notre République démocratique a tenu à créer son aristocratie politique. Celle-ci a été, d'ailleurs, tout le temps, frappée d'impuissance. On a fait au Luxembourg les plus beaux discours ; ils eussent été religieusement écoutés au Palais-Bourbon !

En un mot, le Parlement a tout absorbé : non seulement le Sénat et les ministères, mais tous les rouages de l'administration et les plus hautes charges de l'Etat !

Le titre de député n'est plus seulement l'expression d'un mandat de représentant d'une ville, d'une population d'ouvriers et de travailleurs; ce mandat représente bien d'autres intérêts ! C'est bien plutôt un brevet de capacité qui permet de prétendre à tous les emplois ! Si une personnalité gênante menace un ministère, bien vite on l'éloigne. On l'envoie commander au loin, rétablir l'ordre, conquérir des colonies nouvelles. Le ministère est sauvé encore... et, cette préocupation, cette conservation du portefeuille est certainement celle qui absorbe toutes les facultés d'un ministre, arrivé au prix de toutes les intrigues parlementaires.

Le mandat de député implique toutes les aptitudes. Il conduit aux gros traitements, à tous les honneurs, même à ceux de conduire, de diriger les armées et les flottes de France ! On s'étonnera, quand on reviendra de tant de surprises, d'avoir vu si longtemps M. de Freycinet au mi- ministère de la Guerre ; les questions techniques de marine, ou nos intérêts coloniaux, livrés à quelques intriguants sans valeur et qui ont compromis, partout, le prestige de la France : au Tonkin, dans le Pacifique, partout ! Nos rivaux, les Anglais, les Allemands, et même les Chinois, ont eu beau jeu avec des représentations semblables de la grandeur et du renom de la France.

Cette paix de vingt-trois ans avec les expéditions du Tonkin, du Madagascar, du Dahomey, et cette guerre inutile contre la Chine, auront coûté très cher à la France !

L'histoire d'hier, d'aujourd'hui, hélas ! nous confirme que le sentiment public ne tardera pas à faire évanouir ces illusions sur lesquelles s'est élevé le prestige de la République proclamée infaillible par ces républicains d'hier... flétris désormais.

La République va entrer dans une phase nouvelle.

La France reste aux Français ! Il a fallu de grands courages pour marquer les traîtres à la solde de l'étranger. Tous les conservateurs élus ont montré au pays étonné, surpris, l'exemple du véritable courage, de la plus scrupuleuse honnêteté... Pas une défaillance parmi eux, dans cet achat des votes d'un Parlement. Le gouvernement tout entier compromis, flétri !

La vérité s'est fait jour ! Oublions les tristesses d'aujourd'hui et d'hier, et préparons-nous aux luttes de demain.

Dans cette nouvelle *ligue du Bien public* pour la paix du monde, nous serons les républicains de demain en nous jetant dans la lice, la tête haute !

La République est entrée dans nos mœurs et n'en sortira plus. Mais une nationalité n'est réellement constituée que lorsqu'une classe nombreuse s'élève visiblement au-dessus des masses par ses vertus et ses talents. « Les constitutions mêmes qui repoussent avec la plus jalouse susceptibilité toute classification légale des individus, sont précisément celles où la distinction naturelle des deux classes est marquée de la manière la plus formelle par les mœurs, par l'opinion, et surtout par l'acclamation populaire. »

Dans les sociétés démocratiques, si favorables au développement du libre arbitre, on voit une multitude d'individus sortir, à force de travail et d'épargne, des rangs inférieurs de la classe ouvrière ; beaucoup peuvent parvenir à la richesse sans que l'opinion publique les place, tout d'abord, aux premiers rangs.

Aussi arrive-t-il que le mouvement de progrès crée

rarement, dans le cours d'une seule génération, les supé-
riorités indispensables au maintien de l'harmonie sociale...
Et, dans notre République, nous avons voulu aller trop vite.
Nous l'expions aujourd'hui, quoi qu'en disent les optimistes
qui trompent ce grand peuple de France toujours si facile
à se contenter d'illusions!... Le gouvernement républicain
manquait de traditions et n'a pu se maintenir que par cette
force, cette poussée, cette tendance du peuple devant lesquelles il eût été plus sage de s'incliner, pour les diriger
d'une façon plus sûre.

Qu'est-il arrivé? C'est que les grands intérêts de l'État
ont été compromis par de trop vives préoccupations d'intérêt
personnel!... Même les plus honnêtes ont surtout pensé à
eux [1].

Dans la situation actuelle de notre civilisation, les ré-
formes s'accomplissent en Europe par la poussée des peuples, par les manifestations, les *ligues du Bien public* contre
lesquelles luttent en vain les stériles efforts d'une diplo-
matie hésitante.

L'impulsion est donnée par l'initiative individuelle.

Il faut donc que la partie dirigeante de la société s'élève,
par sa moralité et son intelligence, à la hauteur de cette
mission, et c'est en cela que consistera, telle était l'opinion de Le Play, « la partie la plus délicate du problème
social. » Mettre, en un mot, à la tête du gouvernement d'un

---

1. Nous pensions ainsi avant l'explosion du procès de Panama. Les débats
de la Cour d'assises ne laissent aucune illusion sur le désintéressement de
nos républicains d'hier.

Il restera de la législature qui va disparaître le souvenir de quelques
grands courages pour nous consoler de ses défaillances! Cavaignac, de Mun,
Cassagnac, Déroulède, et les noms de tous les conservateurs d'hier qui de-
viendront les représentants de la République de demain. Ils sont restés dignes
de leur mandat.

peuple libre les plus dignes, les plus capables de le diriger. Le suffrage universel mieux éclairé épurera ses représentants. S'il était inspiré par un sentiment élevé des intérêts sociaux, il ne commettrait pas les surprises, les inconséquences qui ont fait du Parlement en France une masse inconsciente, imprévoyante, incapable de pourvoir au bien-être, à la prospérité du pays qu'il représente.

Et, par un sentiment de défiance, il arrive que le suffrage populaire, dans les centres ouvriers, repousse, de parti pris, les individualités éminentes, les titres de distinction et les droits acquis, qui constituent, de fait, cependant, les véritables caractères de supériorité d'une société en équilibre. La vieille noblesse n'existe plus qu'à l'état de souvenir très respectable, d'autant plus qu'elle a cessé d'être la classe protégée. Mais ce qu'on est convenu d'appeler la nouvelle couche de gouvernants n'est-elle pas restée trop longtemps infidèle ou inférieure à sa mission?

La France est en République, et y restera parce qu'elle ne peut plus faire autrement... Beaucoup d'hommes qui l'ont dirigée en étaient indignes; on en trouvera d'autres! car « la République pour les masses, comme pour nous, est le gouvernement du droit et de la justice. »

« Il faut qu'il le soit toujours, et il faut le dire clairement !

« Le jour où il apparaîtrait au pays que ses croyances sont des illusions, je vous le demande, que resterait-il de la liberté, de la République, de la France? »

(Discours de M. Cavaignac, 8 février 1893.)

Le moment est venu de réunir toutes les volontés, toutes les énergies dans une lutte suprême ! A quelque parti, à quelque religion qu'ils appartiennent, il est grand temps que les patriotes se liguent en faisant loyalement trève, pour le salut de tous, pour le salut de la patrie !

Le vaisseau de l'État s'est enfin allégé de quelques personnalités fort dangereuses ; il a fallu de grands efforts pour les débarquer, pour les jeter à la mer. Ils se cramponnaient fort. Ils sont perdus maintenant. De grands courages se sont fait jour dans cette lutte pour *l'existence même de la République et de la France*, comme vient de le dire d'une façon si éloquente et si vraie M. Godefroy Cavaignac, le digne descendant d'une des plus pures illustrations de la France.

Sa haute intelligence, son énergie, son courage, semblent l'indiquer comme devant conduire notre pays à des destinées nouvelles. Il est déjà salué comme un libérateur, comme le vengeur de l'honnêteté publique outragée. Est-elle réellement en danger notre terre de France ?

Peut-être !

Nous sommes aujourd'hui, et depuis beaucoup plus longtemps qu'on ne se l'avoue, sans gouvernement, sans Chambre, sans rien que des apparences. En un mot, tous les pouvoirs publics sont tombés en discrédit ; l'indiscipline est partout ! Il n'y a qu'une institution qui tienne encore : l'armée... de terre et de mer. Ce sont les grandes forces qui, depuis vingt-trois ans, constituent les véritables colonnes de la République, qui soutiennent l'édifice croulant qui s'effondre, qui va disparaître, et qui serviront à le relever de ses ruines. Ce sont ces deux grandes forces, le cœur et l'âme de la nation, qui lui ont permis de garder une place virtuelle dans le concert européen. Nos diplomates sont souvent tenus à l'écart, mais c'est qu'ils représentent des hommes d'État. Il faut toujours compter avec les armées de la France ! Ce sont elles qui conjurent de plus grands périls ; elles tiennent en respect le jeune souverain belliqueux, l'héritier des Hohenzollern, obligé de se contenter d'un branle-bas de combat pour rire, à Strasbourg, à la porte de France !

A quoi bon ces fanfaronnades ? Tenir son armée en éveil, sonner du clairon et brûler de la poudre sont des plaisirs dont nous sommes revenus ! Et la rêveuse Allemagne suivra-t-elle de gaieté de cœur le chef de la dynastie dans ses plaisanteries renouvelées d'un autre âge ? Le vieux monde a beaucoup vieilli depuis vingt ans !

La guerre est une chose horrible, abominable, que la France républicaine a subi en Europe et subirait encore, mais elle ne la provoquera plus. Elle a compris, et l'Angleterre a compris aussi avant nous, que le vieux continent avait mieux à faire en s'occupant de fortune et de production de tout genre que d'hécatombes humaines.

Les véritables armes de combat de notre monde fin de siècle sont : l'industrie, le commerce et la force de l'argent. Mais il ne faudrait pas cependant que cette dernière force servît à nos ennemis, à nos rivaux pour nous absorber, en nous livrant à eux par les plus indignes trahisons. Cette duplicité britannique est, de l'autre côté du détroit, la suprême habileté. « Tant pis pour la France si ses hommes d'État se vendent et nous font la part belle ! » Voilà ce que dit John Bull, avec son gros bon sens, et, à vrai dire, je ne vois pas trop ce que nous aurions à lui répondre ! Voulons-nous répliquer ? hâtons-nous de changer de régime, de changer de système, de chasser tous ceux qui ont trempé de près ou de loin dans les erreurs, dans les félonies de ces dernières années, et sortons de la boue. En un mot, arrivons à la dissolution. Les preuves sont faites, les condamnations suivront, mais attendrons-nous les lenteurs de la magistrature pour retrouver un gouvernement respectable et respecté devant le pays, devant l'Europe, devant le monde, un gouvernement qui puisse tenir tête haute et relever le prestige abaissé du principe même pour lequel la France a tout sacrifié depuis cent ans. Elle a tout sacrifié, même les plus belles honorabilités, les plus dignes de la représenter.

Oui, la dissolution s'impose. Ce n'est pas dans le malaise général, dans un état aussi troublé, qu'on peut prétendre affermir la paix à l'extérieur, qu'on peut espérer conjurer la guerre ou acquérir dans le monde une place qui permette de montrer ses volontés, sans oublier ses espérances, ses devoirs.

Et l'État est tellement à l'aventure qu'il n'existe plus.

La France serait à la merci d'un prétendant s'il s'en trouvait un, à la merci d'un coup de main si ses armées n'étaient pas là pour la défendre ! — Mais dans quelles déplorables conditions s'engagerait la guerre !

La dissolution s'impose, par prudence, par dignité aussi !

LA TUNISIE ET LE TONKIN

L'échafaudage de la fortune publique ne repose pas que sur des ruines, mais il y a des ruines qu'il faut faire connaître. Nous avons dépensé un milliard au Tonkin ! Notre aveuglement, dans toutes les questions coloniales, n'a d'excuse que notre ignorance. Nous avons été trompés pour le Tonkin, comme nous l'avons été pour l'abandon de l'Égypte à l'Angleterre... Mais nous reviendrons tout à l'heure à notre colonie d'Extrême-Orient ; nous parlerons d'abord de la Tunisie et de l'homme qui vient de mourir ! M. Jules Ferry a attaché son nom à la prise de possession de la Tunisie sous la forme d'un protectorat qui laisse tout en suspens.

Elle est à nous, cependant, bien à nous, mais nous n'avons pas osé le dire et le prouver.

Le protectorat est la forme opportuniste d'occupation d'un pays qu'on veut absorber, et, qu'on protège, en dépit de lui-même, contre des nations rivales qui voudraient s'en emparer aussi.

Nous protégeons la Tunisie pour empêcher que l'Italie ne s'en empare.

Nous protégeons le royaume d'Annam pour empêcher qu'il ne soit absorbé par la Chine ou pris par l'Allemagne ou l'Angleterre, si l'une ou l'autre de ces deux puissances y trouvait son profit!

La Tunisie est une conquête qui peut se justifier exactement au même point de vue que la conquête de l'Algérie, au nom du progrès et de l'humanité.

L'Angleterre avait voulu s'opposer, en 1830, au bombardement d'Alger qui n'était qu'un repaire de pirates; nos amiraux ont toujours été crânes, et celui qui commandait la flotte qui portait le corps expéditionnaire répondit à l'Anglais qui voulait protester au nom de l'Angleterre : « La France se f... de l'Angleterre, Monsieur, quand celle-ci se mêle de choses qui ne la regardent pas! »

Il n'y avait pas d'autre réponse à faire à l'Italie quand nous avons pris la Tunisie. L'Italie allait elle-même s'en emparer! Mais M. Jules Ferry était un opportuniste. Il n'était pas de taille à répondre crânement! On a imaginé des Kroumirs pour justifier notre entrée en campagne, qui n'a été d'ailleurs qu'une marche triomphale.

Un jour, en passant dans le bazar de Tunis, j'accompagnais M. Roustan, qui est le véritable promoteur de la conquête tunisienne ; nous fûmes reconnus et acclamés par des Arabes. La division du Levant était mouillée devant Carthage, sous les ordres de l'amiral de Pritzbuer.

L'un des Arabes nous dit en français, et je m'en souviendrai toute ma vie :

« Pourquoi ne prends-tu pas ce pays? Il est à toi. »

Il n'y avait certainement qu'à le prendre, et M. Jules Ferry s'en est rendu compte. Il a lu les rapports de M. Roustan et les a compris. Ses amis et lui-même ont compris aussi que la dette tunisienne, qui valait alors 216 francs, vaudrait le pair avec le protectorat français, et ils ne se sont pas trompés. Les amis de M. Jules Ferry et les initiés ont très certainement interprété avantageusement les intérêts de la France.

A cette époque, le quartier juif, à Tunis, était fermé chaque soir par une chaîne de fer.

La conquête de la Tunisie a été l'émancipation des juifs ; mais, vraiment, le gouvernement du bey ne valait pas les scrupules de M. Jules Ferry ! Mohammed-Es-Sadock est tombé de lui-même, et ce n'est certainement pas le Grand-Turc qui l'aurait sauvé ! Ce dernier a protesté pour la forme, car le bey de Tunis est, de fait, vassal du sultan comme l'était le dey d'Alger.

Je ne parlerai pas du gouvernement de Mohammed-Es-Sadock ; il était au-dessous de tout ce que l'on peut imaginer. Mohammed avait fait de son favori son premier ministre, Mohammed-Ben-Ismaïl ; on a acheté celui-ci comme Baïhaut et ceux qu'on ne nomme pas.

Les Tunisiens ont acclamé l'armée française ; l'armée du bey ne pouvait résister, et les derniers chefs des tribus arabes, comme les derniers des Abencérages, sont venus se faire tuer en héros à Gabès ! Ils auraient pu se rendre, ils ont préféré tomber sous nos balles, en sabrant, pour l'honneur de leur tribu.

Le juif tunisien a brisé sa chaîne ; il est venu à Paris, où la République le protège, à côté du juif allemand.

Quant à l'*Arbi*, il n'a pas apprécié au même point de vue que le juif tous les avantages du protectorat et a disparu ou tend à disparaître ; la civilisation que nous lui apportons ne lui convient pas ; il retourne au désert !

Quoi qu'il en soit, M. Jules Ferry aurait dû avoir tous les honneurs de l'expédition de Tunisie ; de même que les res-

ponsabilités de l'abandon de l'Egypte à l'Angleterre ne
sauraient échapper à M. de Freycinet, à moins que M. Clémenceau n'en prenne une large part.

J'ai vu et entendu à la Chambre M. Clémenceau traiter
M. Ferry comme on ne traite pas un homme, fût-il le chef
des opportunistes, à propros de cette expédition de Tunisie.
Mais c'est la seule chose réussie de politique extérieure où
les intérêts français aient été compris. Cependant le protectorat est insuffisant.

Ce n'est pas la protestation du chef des croyants qui a
arrêté l'annexion pure et simple! Était-ce la crainte de
complications avec l'Italie? ou des scrupules d'hommes
d'État?...Les scrupules n'étaient, je le répète, pas de rigueur
avec un gouvernement comme celui du bey de Tunisie. Il
n'y avait qu'une chose à dire : « Je vous renvoie parce que
vous êtes indigne et je me mets à votre place. » Le traité du
Bardo n'était qu'un acte illusoire de politique opportuniste, mais qui arrêtera indéfiniment l'essor de la Tunisie.

Nous nous montrons très susceptibles à l'égard du roi
Behanzin, mais nous serions beaucoup mieux avisés de
construire le port de Bizerte. L'arsenal de Bizerte serait
beaucoup plus utile que les travaux et les efforts inouïs
qu'il a fallu mettre en œuvre pour réduire un roi nègre.

L'état de protectorat n'est ni la paix ni la guerre; il
ne définit rien que notre imprévoyance, nos hésitations,
nos faiblesses... comme au Tonkin.

Là-bas, un faux amour-propre national nous a entraînés.
Nous n'avons pas réussi, nous ne pouvions pas réussir,
avec la politique que nous avons suivie. Le Tonkin est
toujours à conquérir! Là-bas c'est la guerre! En Asie il
n'y a pas d'autre argument que la force et nous y envoyons

des agents comme M. de Lanessan pour y faire de la politique. Notre gouverneur général voulait rendre la citadelle d'Hué au roi d'Annam! Pourquoi? En échange, peut-être de quelque opération financière à laquelle le souverain asiatique se serait prêté. On ne comprend pas d'aveuglements semblables, à moins qu'ils ne couvrent d'impénétrables mystères d'opérations opportunistes!

Nous nous sommes trompés au Tonkin, mais nous ne saurions admettre indéfiniment un rôle de *dupes*, c'est le mot exact. Notre colonie d'extrême-Orient ne pouvait donner qu'un nouvel essor à l'esprit d'entreprise et commercial de l'Allemagne, de l'Angleterre et de la Chine elle-même; et il arrive, nous allons le montrer dans l'étude qui va suivre, qui rappelle quelques faits d'histoire, qu'en Indo-Chine l'Annamite travaille, le Chinois l'exploite, avec l'aide de l'Angleterre et de l'Allemagne; la France garde le tout avec son armée et ses représentants, qui assurent l'ordre et la tranquillité, hélas! sans garanties!

C'est pour une œuvre semblable que la France grève chaque année son budget de 70 à 80 millions en plus... et y envoie mourir pas mal de braves gens qui seraient beaucoup plus utiles en France ou en Algérie ou en Tunisie.

Nous avons commis toutes les fautes imaginables, et tout gaspillé : notre argent et notre prestige.

L'Indo-Chine est devenue française par droit de conquête, par droit du sang. Mais, au point de vue commercial, elle nous a échappé, et ce résultat était facile à prévoir. — L'industrie de France ne peut soutenir la concurrence, sur les marchés libres du monde, avec l'Allemagne, l'Angleterre et la Chine.

Cet état de choses ne saurait cependant porter atteinte à l'orgueil national d'un pays qui croit à la liberté, qui en a beaucoup souffert, et qui, après avoir tant fait pour elle, s'est résigné à en subir toutes les exigences, quelque compromettantes qu'elles soient, même encore aujourd'hui.

Les traités de commerce rapprochent les peuples, et, à moins de rompre l'équilibre humanitaire, d'isoler des autres nations la France et les États d'extrême-Orient qu'elle protège, il faut se soumettre, sauf certaines restrictions qui égalisent les chances, les enjeux, à la grande loi d'indépendance commerciale et industrielle du libre-échange.

Tout s'enchaîne dans l'état politique d'un pays, et la liberté des transactions donne, à l'extérieur, dans un port franc, la cote réelle de l'état industriel du monde.

La difficulté de vivre, les impôts élevés, élèvent les salaires de l'ouvrier ; le droit au travail ne suffit pas : il faut le droit de vivre ; et tout se répercute, tout s'enchaîne.

Les pays pauvres sont, on le sait, ceux où l'on vit le mieux, le plus facilement, à meilleur marché. Ce sont peut-être, de fait, les plus riches ; tout est relatif ! — Au Tonkin, en Annam, on vivait plantureusement pour 15 à 18 sapèques par jour, et une pièce de 5 francs représentait 1 000 sapèques.

L'occupation a modifié la situation économique de l'Indo-Chine, mais ne l'a pas enrichie ! Notre intervention en extrême-Orient aura surtout servi à donner un nouvel essor aux transactions commerciales de l'Allemagne, de l'Angleterre et de la Chine.

Tout a été dit et tout reste encore à dire sur le Tonkin, car rien n'est fait.

Nous nous agitons dans un cercle vicieux dont nous ne pouvons sortir, parce que le mal n'est pas seulement au Tonkin, il est en France, et nous retombons, par une loi fatale, quoi que nous fassions pour nous en défendre, dans ces agitations, ces angoisses, qui témoignent de notre manque de confiance dans l'avenir.

Sans s'émouvoir outre mesure de ces combats fréquents contre les bandes de pirates annamites ou d'irréguliers chinois qui franchissent la frontière, on ne peut s'empêcher de penser que, pour la France, cette situation au Tonkin, toujours chancelante, ne laisserait aucun regret s'il était possible d'y mettre un terme, en conciliant en même temps son honneur et ses intérêts.

En réalité, nous n'avons pas d'intérêts engagés là-bas. — Nous n'y avons que notre amour-propre ! — Nous avons peut-être mieux à faire !

Nous avons engagé notre amour-propre national à l'aventure !

Pour donner la note exacte de la situation de notre colonie d'extrême-Orient, il suffirait de se reporter de quelques années en arrière et de montrer l'Annam et le Tonkin tels qu'ils étaient au lendemain de l'occupation.

Malgré tant d'efforts et tant de sacrifices, nous n'avons pas fait un pas dans la voie d'absorption, dans l'œuvre de pacification réelle du pays, et ce grand débouché de 15 millions de consommateurs promis à notre commerce, à nos industries, se résume à presque rien. Nous ne pouvons pas soutenir la concurrence de l'Angleterre et de l'Allemagne ; nous n'exportons pas pour 500 000 francs de marchandises. Il est donc vrai que nous n'avons pas d'intérêts engagés en Indo-Chine.

En France, nous continuons à discuter sur nos fautes, à exprimer des regrets d'avoir entrepris cette expédition aventureuse ; et, cette année encore, à l'occasion du vote de 25 millions demandés pour le budget du Tonkin, une fraction du Parlement a pu manifester très nettement le projet d'abandon en refusant de s'associer au vote.

En réalité, l'affaire du Tonkin, qui aurait dû réussir dès le début, s'est trouvée compromise par des fautes qu'il eût été facile d'éviter.

Nous avons gaspillé beaucoup d'argent, et notre prestige même, je le répète, en est resté quelque peu atteint aux yeux des Asiatiques.

Nous nous agitons sans vouloir préciser les moyens de sauver l'honneur de nos armes et les véritables intérêts de la France. La vérité est que nous n'osons pas le faire. Nous savons cependant pourquoi nous n'avons pas réussi.

Cet insuccès, dont la responsabilité échappe, tant elle s'est divisée, s'explique cependant, en partie, par l'enchaînement des erreurs que nous avons commises. — Elles doivent donner à réfléchir.

Il est bien vrai qu'après Sontay, le Tonkin aurait pu être pacifié, organisé en quelques mois.

Nous ne l'avons pas compris.

Il est bien tard maintenant pour revenir en arrière, regagner tout le terrain perdu ; nous avons bâti sur du sable, et quand la base manque, l'édifice croule !

L'amiral Courbet avait achevé la conquête ; la cour d'Annam, qui avait soutenu les Pavillons-Noirs, était tremblante à ses pieds ; le Tonkin tout entier, Français et Annamites, acclamait le libérateur, et l'amiral eût dirigé d'une main sûre ce pays, qu'il aimait, avec toute l'autorité de sa science, tout le prestige de ses victoires. Il avait, on le savait, toutes les qualités et l'expérience d'un grand administrateur; on l'avait vu à l'œuvre dans le gouvernement de la Nouvelle-Calédonie; il se serait dévoué à l'Indo-Chine sans autre pensée que celle de l'accomplissement de son devoir, et aurait poussé vigoureusement ce vaste pays dans la voie de tous les progrès. — Son intelligence hors ligne, son activité, eussent assuré le succès d'une colonisation rapide; nous aurions renouvelé au Tonkin, en plus grand, d'une façon plus prompte encore, la transformation de la Basse-Cochinchine qui a été faite sous la direction des amiraux qui s'y sont succédé comme gouverneurs.

Mais le gouvernement de la République crut devoir relever de ses fonctions le vaillant homme de guerre, le lendemain de la victoire de Sontay, pour mettre à sa place le général Millot. C'était une grande faute.

L'amiral Courbet et le général Millot sont morts. Leurs noms sont entrés dans le domaine de l'histoire. Le premier restera légendaire dans notre marine, le second est déjà oublié; mais le rapprochement de ces deux noms appelle encore notre attention pour montrer les conséquences de notre politique dans l'enchaînement des événements qui se sont succédé en extrême-Orient.

Nous les rappellerons brièvement pour en déduire ensuite, par l'aveu des fautes commises, quelques inductions dans la voie de politique d'apaisement qui devrait diriger l'Europe.

L'amiral Courbet avait quitté Hanoï au commencement de l'année 1884, pour reprendre le commandement de sa division navale dans la baie d'Along.

Il peut paraître intéressant de regarder aujourd'hui dans le passé avant d'arrêter nos projets d'avenir et de montrer les causes de paix et de guerre, les alternatives de trouble profond et d'espérances déçues, qui n'ont cessé d'agiter le Tonkin depuis le jour de notre occupation et en ont consommé la ruine.

Une affaire qui a coûté tant de sang, tant d'argent, et qui en coûtera encore beaucoup, mérite qu'on en parle, qu'on la scrute et qu'on montre enfin ce qu'elle a été, ce qu'elle aurait pu être et ce qu'elle peut devenir. — Ce n'est pas en voilant la vérité qu'on peut éclairer une situation aussi confuse. Mieux vaut encore apprécier, reconnaître l'étendue de ses fautes et de ses erreurs, ne serait-ce que pour éviter de les renouveler et juger de l'étendue des sacrifices qu'elles exigent.

Un patriotisme éclairé ne peut se contenter d'échappatoires et de mensonges.

L'affaire du Tonkin a été engagée par des marins; il ne pouvait en être autrement. Ce sont des officiers de marine, des commandants, des amiraux, qui ont assumé sur eux les premières responsabilités de l'occupation du Tonkin; mais on ne peut s'empêcher de regretter que ces responsabilités de la marine aient passé en d'autres mains, moins compétentes, moins aptes à assurer le succès. Dès le début, le ministère de la Marine ne put se soustraire à l'envahissement de l'élément civil dans la direction de notre politique de conquête et d'absorption du Tonkin. Un amiral, un chef résolu, aurait pu s'y opposer peut-être; mais le conseil des ministres imposa sa volonté, et, en 1884, de gré ou de force, le ministre de la Marine fut obligé de faire toutes les concessions à l'esprit du jour et d'accepter même le principe d'un gouverneur civil dans un pays qui était encore à conquérir.

M. Harmand fut nommé par le ministre de la Marine et accompagna l'amiral Courbet. Pendant qu'on se battait à Bac-Ninh, les résidents attendaient à Haïphong que les places fussent prises, pour aller en prendre à leur tour possession administrativement, et notre administration coloniale, qui, depuis longtemps, a cessé de faire l'envie et l'admiration de l'Europe, s'est abattue sur le Tonkin.

Nous ne sommes guère plus avancés aujourd'hui qu'au lendemain de Sontay. De fait, *nous le sommes moins*, parce qu'un mal, quand il est devenu chronique, devient chaque jour plus difficile à guérir, et que nous souffrons depuis trop longtemps d'une situation qui peut se résumer en trois mots : *Manque de confiance*. Après la victoire de l'amiral Courbet, il y avait un grand élan qui a été arrêté net. Le général Millot, en succédant à l'amiral, a montré tout de suite la mesure de ses forces, de ses aptitudes. Étaient-ce bien les garanties de la valeur militaire et de l'intelligence de cet officier qui avaient décidé de sa nomination au poste de commandant en chef et de gouverneur général de la colonie?

La raison ou la foi politique ne suppléent pas à tout!

Il eût été facile de choisir dans l'armée ou dans la marine un officier plus complet, plus compétent, pour exercer les fonctions tout à fait spéciales que le gouverneur du Tonkin allait avoir à remplir pour fonder une colonie.

Ceux qui ont vu de près cet officier général ont trouvé une grosse ambition déçue au fond du caractère de ce soldat, qui, lui aussi, avait peut-être rêvé la présidence de la République!

Certes, il eût été beaucoup plus sage de laisser l'amiral Courbet gouverneur général de l'Indo-Chine, il en eût été le pacificateur ; nous n'aurions eu ni Bac-Lé ni la guerre de Chine, et nous serions aujourd'hui plus riches d'un milliard, avec beaucoup de préoccupations en moins... et quelques vaillants hommes en plus.

Il est bien vrai qu'une faiblesse n'est jamais que la préface d'une seconde. Nous allons montrer, en quelques mots, quelles ont été les conséquences du remplacement de l'amiral Courbet par le général Millot.

L'affaire de Bac-Lé, qui fut le résultat d'une grande imprudence, sur laquelle, par patriotisme, il vaut mieux jeter un voile, fut la cause de la rupture des préliminaires du traité de Tien-Tsin.

Au point de vue politique, au point de vue de nos intérêts réels, on peut penser que la guerre de Chine n'a eu, de fait, d'autres résultats que de faire dépenser à la France le triple de l'indemnité de guerre que le gouvernement voulait réclamer au Céleste Empire et de retarder, en même temps, l'œuvre de pacification et de colonisation du Tonkin. M. Jules Ferry, alors président du Conseil, avait prononcé à la tribune des paroles imprudentes. Il exigeait de la Chine une indemnité de guerre de 200 millions.

L'amiral Courbet, à son point de vue d'homme de guerre, avait pu prévoir les conséquences de ces menaces ; une manifestation sur la côte de Chine lui avait d'ailleurs toujours paru indiquée pour obtenir du Céleste Empire des garanties d'avenir pour notre colonie ; mais réclamer 200 millions au gouvernement de Pékin, c'était exiger l'impossible.

Cette pensée de couvrir les frais de la guerre au Tonkin par une indemnité payée par la Chine elle-même ne pouvait réellement séduire que des esprits tout à fait inconscients, fort peu éclairés sur la situation économique du Céleste Empire et sur la façon dont procèdent les autocrates de l'Asie pour équilibrer leurs budgets. L'Empereur de Chine était dans l'impossibilité absolue de trouver une pareille somme.

Ces 200 millions, qui pesaient à peine une once dans la pensée du président du Conseil, représentent, là-bas, une somme énorme. — L'argent n'a qu'une valeur relative, et 200 millions monnayés, en Chine, équivalent peut-être, le calcul en est assez compliqué à faire, à trois ou quatre milliards. — A qui le gouvernement de Pékin pouvait-il les demander? — Aux gouverneurs des provinces, à des chefs de pirates, tous indépendants et qui se seraient bien gardés de répondre à l'appel de leur souverain.

L'Empereur de Chine offrit, dit-on, 20 millions : c'était la limite de ses efforts. — Nos exigences irréfléchies équivalaient donc à une déclaration de guerre.

C'est ainsi, sur des paroles si légèrement, si inconsciemment prononcées, que la France s'est trouvée engagée dans une lutte qui a montré le dévouement sans bornes de ceux qui ont été appelés à la soutenir, mais qui, en définitive, a coûté très cher à la France! Tant de dévouements sont restés improductifs, et l'orgueil de la Chine n'a pas été abaissé, bien au contraire!

Voilà comment se jouent les destinées des peuples! — Voilà comment il arrive que, par une suite d'inconséquences, l'entreprise du Tonkin n'a pas encore réussi, quoique au début elle ait pu paraître fort simple. — Aujourd'hui, elle s'est beaucoup compliquée, et elle ne peut plus finir... à moins que la sagesse ne nous inspire et que, par une entente de confraternité européenne, nous abandonnions nous-mêmes à d'autres mains que les nôtres ce qui est pour nous une charge un peu lourde. Une autre nation que la France trouverait maintenant dans la possession de l'Indo-Chine une source d'immenses richesses.

Ces considérations sont dans la pensée de tous ceux que l'intérêt ou la passion politique n'aveuglent pas ; et elles paraîtront même tellement avérées, qu'en le constatant nous avons souvent hésité à les publier.

Mais il arrive trop souvent, hélas! dans notre beau pays de France, que, en dépit des plus grands efforts, notre action de loyauté et d'honneur se trouve paralysée par l'ignorance où l'on est des véritables et des plus chers intérêts de la patrie. — Les événements dont l'extrême-Orient ont été le théâtre sont très diversement appréciés. On espère toujours! — L'opinion publique reste indécise, égarée, faute de documents authentiques ; l'aveuglement des partis a achevé de porter le trouble dans une situation qui, pour être appréciée, doit être mise en pleine lumière.

Il faut s'arrêter dans la voie des sacrifices inutiles et chercher ailleurs une solution.

Cherchons-la dans la paix et dans des gages de confiance échangés pour arrêter l'Europe indécise elle-même, avec ses armées toutes prêtes à la guerre, en dépit des peuples qui la combattent, qui la repoussent de toutes les forces de la pensée et de la justice.

Il est pénible de s'étendre sur les inconséquences de la politique de son pays. Quoi qu'il en soit, cette note peut servir à montrer à chaque citoyen de France sa part de responsabilité.

La marine a eu d'abord la direction politique et militaire de l'entreprise du Tonkin. Elle a cessé de l'avoir, de fait, le jour du remplacement de l'amiral Courbet... On peut juger aujourd'hui de l'étendue des conséquences de cette faute ; ce fut le premier acte d'abandon, réfléchi ou irréfléchi, du ministère de la rue Royale dans les affaires d'Indo-Chine. Elles sont aujourd'hui livrées à un sous-secrétaire d'État qui ne dépend plus, en réalité, d'aucun ministère... compétent ou responsable. Le sous-secrétaire d'État dépend, de fait, du ministère de la Guerre et de celui de la Marine ; devant le Parlement, du ministère de l'Intérieur.

D'ailleurs, la situation n'est pas facile, et si l'amiral Jaurès, pendant les quelques jours qu'il a passés à la rue Royale, a renoncé à la diriger, c'est qu'il la voyait grosse de difficultés et d'orages. Il faut assurément une grande indépendance, un véritable patriotisme pour affronter tous les périls parlementaires, toutes les attaques de presse et continuer à agir en dépit de toutes les oppositions, en évitant, autant qu'il est possible de le faire, les côtés faibles, les *erreurs obligatoires* de sa propre politique !

Les grands hommes d'Etat dédaignent les attaques et ne voient que la lutte, le but à atteindre, pour la grandeur de leur pays. Ces hautes considérations ont elles seules inspiré les sous-secrétaires d'Etat qui s'étaient succédé aux colonies ; mais connaissent-ils ces pays, éloignés de la rue Royale, pour les administrer et les diriger politiquement et militairement ?

A vrai dire, le ministre de la Marine avait été trop heureux d'esquiver les responsabilités. Le sous-secrétaire d'Etat les a toutes prises !

Quoi qu'il en soit, M. de Lanessan, malgré les pouvoirs les plus étendus qui lui ont été accordés en prenant la direction du gouvernement de l'Indo-Chine, se trouve plus que jamais aux prises avec les plus grandes difficultés, parce que le mal est profond. La Cochinchine est, elle-même, à bout d'expédients. La situation était désespérée il y a quelques mois.

Avec la meilleure volonté du monde, ce n'est pas sans ressources budgétaires qu'on peut prétendre à combler des déficits. Il faut beaucoup d'argent pour créer une colonie, et c'est ce qui nous manque ! C'est une propriété qu'il faut mettre en rapport et qui exige une première mise de fonds considérable. Cette première mise de fonds, pour le Tonkin, a été un peu forte, nous en convenons... et, jusqu'à présent, elle est restée improductive. Mais il n'y a pas à revenir sur les fautes commises ; il faut les réparer à tout prix. Si nous en parlons encore, c'est qu'elles sont deve-nues de notoriété publique, et le prince Henri d'Orléans, dans ses notes de voyage marquées du caractère patriotique le plus élevé, a jeté, lui aussi, le cri d'alarme.

Nous avons montré le Tonkin tel qu'il est aujourd'hui, tel qu'il sera demain et pendant bien des années encore.

Notre politique en extrême-Orient nous a éloignés du but que la France républicaine s'était engagée à poursui-vre, en donnant au pays l'espoir de reprendre nos deux provinces, soit par la force des armes, soit par la paix, comme conséquence des combinaisons de la politique européenne.

Tous les patriotes n'ont cessé d'avoir les yeux fixés à la

frontière et ce n'est pas sans regrets qu'ils ont dû les porter jusqu'au centre de l'Asie, si loin de nous ! L'insuccès du Tonkin n'est pas fait pour calmer ces regrets et faire oublier le but à atteindre ! Cependant, nous trouverons peut-être un jour, dans ce Tonkin même, le prix de nos efforts.

L'Allemagne, dont la population déborde, est, depuis vingt ans, préoccupée d'essais de colonisation qui lui permettraient d'ouvrir de nouveaux horizons à son génie commercial et industriel. L'Indo-Chine, il faut le reconnaître, est déjà sous l'influence de l'Allemagne ; c'est son commerce qui fait prime sur les marchés de notre colonie d'extrême-Orient.

En arrivant à Saïgon, on ne voit pas sans étonnement le pavillon allemand qui domine. Il s'est imposé. On compte, en moyenne, quinze navires allemands pour un français. Un tel état de choses donne une première impression navrante ; cependant, en réfléchissant, nous pourrions peut-être trouver dans les tendances mêmes de l'Allemagne une solution au grand problème qui nous tient tant au cœur : rentrer en possession de nos deux provinces en faisant des concessions, des sacrifices comme gages, qui mettraient fin aux rivalités de deux pays faits pour s'unir dans la paix, au nom des grandes doctrines humanitaires qui rapprochent tous les peuples.

Si les produits de l'Allemagne font prime dans notre colonie, si tout le commerce de l'Indo-Chine se fait sous le pavillon allemand, il est permis de croire et de dire que, là où nous avons échoué, l'Allemagne aurait réussi,

La France n'a, en réalité, en Indo-Chine, que les charges et les responsabilités qui s'imposent dans l'occupation d'un pays ; ces responsabilités lui coûtent des hommes et de l'argent.

Quelques fonctionnaires y trouvent à vivre ; ils étaient pour la plupart des déclassés dans l'administration de la métropole.

Est-ce pour une œuvre semblable, pour un résultat aussi équivoque que la France a oublié ses intérêts les plus chers et s'est résignée à des sacrifices qui la ruinent ?

En résumé, si au Tonkin nous n'avons pas réussi pour nous-mêmes, nous avons, le fait est indéniable, préparé la voie à de grandes exploitations qui pourraient servir à d'autres nations. Ayons le vrai courage, la vraie force de reconnaître notre impuissance coloniale, et cherchons dans l'histoire même du Tonkin les grands enseignements que nous pourrions en tirer, même au point de vue de la politique européenne.

Est-ce la paix ou la guerre que l'avenir nous réserve ?

Si le grand mouvement socialiste et humanitaire qui semble ébranler tous les gouvernements de notre vieille Europe pouvait avoir comme conséquences la paix du monde, certes l'humanité aurait fait un grand pas. Le socialisme cesserait d'être une menace et tendrait à l'apaisement des partis, en arrêtant l'ambition des chefs de dynastie et en mettant un terme aux luttes de nation à nation. Il n'est pas de pire fléau que la guerre, et le jeune Empereur d'Allemagne pourrait, s'il le voulait, — il le peut, — jouer un rôle dans le monde mille fois plus glorieux que celui des Alexandre et des César ; il dépasserait dans l'histoire de l'humanité les plus grands conquérants. Voilà l'ambition d'un maître de l'univers. Il l'est aujourd'hui, il ne le sera peut-être pas demain !

La guerre est toujours une horrible épreuve ; ce n'est, de fait, qu'une boucherie. C'est une de ces folies d'extermination qui ne se justifient que lorsqu'il s'agit de défendre son foyer, son bien, sa famille, sa patrie. Les peuples ont cessé d'être des troupeaux inconscients de leurs intérêts. Mais, je le crains, les ambitieux qui les dirigent encore comptent sur des guerres de conquêtes, qui déshonorent souvent même le vainqueur dans les triomphes de ses victoires.

Ces pensées peuvent se soutenir ; l'Allemagne est peut-être plus près qu'on ne le croit généralement en France de les préconiser elle-même. Les deux pays, autant l'un que l'autre, redoutent la guerre ; l'Angleterre est la seule nation qui profiterait des luttes du continent. Elle les désire peut-être ! Elle est restée *la perfide Albion*, et c'est son ambition qu'il faudrait réduire ou dédaigner, tout d'abord. C'est l'Angleterre qui retardera le grand mouvement socialiste de l'Europe, mais ne l'arrêtera pas.

L'Anglais a l'instinct de ses intérêts plus qu'aucun citoyen du monde. Il est orgueilleux de ses flottes, qui lui assurent la liberté des mers ; mais il s'attend à les voir désarmées un jour, sous la pression du mouvement socialiste, qui étreint le Royaume-Uni plus puissamment encore, peut-être, que les peuples du continent. — La riche Angleterre ne saurait prétendre plus longtemps à l'empire absolu des mers. Cependant, elle a occupé sur la carte du globe tous les points les plus importants. Sa politique a été très simple : elle a tout pris, tout accaparé. De nos jours, elle prend l'Égypte et l'isthme de Suez, la clef du commerce du monde. Elle nous a conduits en Crimée pour défendre le Grand-Turc uniquement à son profit... Nous avons perdu 100000 hommes contre les Russes! C'est pour une œuvre semblable que l'Angleterre a tendu la main à l'Empire ; c'est une grande nation, sans préjugés. Rien ne l'arrête !

Que de fautes à réparer pour notre République, qui, pour rester forte, devrait toujours être prudente et sage ! Pour rendre la France grande et prospère, ne doit-elle pas abandonner tous ces faux principes de politique coloniale qui sont comme la trace ineffaçable des fautes des gouvernements qui l'ont précédée? Ne doit-elle pas repousser un semblable héritage et chercher dans ses intérêts vrais, indiscutables, l'inspiration de sa politique extérieure?

Le véritable triomphe de la République est d'avoir évité la guerre en Europe depuis vingt ans. Il est bien vrai que c'était la France monarchique qui suscitait ces luttes dont elle a, elle-même, tant souffert. Elles n'ont eu souvent d'autres causes qu'un faux orgueil ou des intérêts dynastiques.

Nous ne désespérons pas de voir se continuer cette ère de paix ; si l'Europe, armée jusqu'aux dents, toute prête à la guerre, en dépit des peuples qui n'aspirent qu'à la paix universelle, était amenée au désarmement, elle aurait atteint, du même coup, le grand but humanitaire et de progrès qui devrait marquer la fin du xix° siècle.

En faisant appel aux travailleurs de l'Europe, l'Empereur d'Allemagne avait paru se mettre à la tête du grand mouvement socialiste de son peuple. Les idées belliqueuses de l'Allemagne sont faussement entretenues dans une haine pour la France, qui n'aspirerait qu'à la paix si ses provinces lui étaient rendues.

Que les Allemands ne s'y trompent pas : la France est toute prête à désarmer, elle ne veut plus la guerre ; elle l'a prouvé depuis vingt ans ; elle abandonnerait ses colonies d'extrême-Orient qui lui ont coûté tant d'efforts et dont l'Allemagne saurait tirer grand profit.

La Rome ancienne avait élevé sur le mont Capitolin un temple consacré au dieu de la paix ; il restait ouvert pendant la guerre.

Les plus imposants monuments de la grandeur des deux pays, ceux auxquels l'Empire d'Allemagne et la République française pourraient convier tous les peuples, tous les travailleurs de l'Europe, devraient être de nouveaux temples de Janus bâtis sur leurs Champs de Mars ; des monuments qui, contrairement à l'usage antique, resteraient toujours ouverts pour y fêter la concorde et la paix du monde.

De semblables pensées ne sont-elles pas des illusions, des chimères ? L'âge d'or, dira-t-on, ne saurait revivre sur la terre, et le fléau de la guerre est nécessaire à l'humanité.

Qu'il soit permis, cependant, d'espérer encore dans l'avenir et dans la sagesse des hommes !

Sans doute, les grands mouvements de patriotisme et de dévouement se font jour dans les dangers, sur les champs de bataille ; mais les grandes vertus, les plus grands courages, trouvent aussi leur place pendant la paix, et je ne crois pas que la guerre soit un fléau de Dieu.

Il n'est pas un souverain, à son lit de mort, qui n'ait regretté les grandes effusions de sang dont il a été cause. La France républicaine et la rêveuse Allemagne, plus belliqueuse aujourd'hui que rêveuse, s'inspireront peut-être, pour décider de leurs destinées, des dernières paroles de

Louis XIV et de Napoléon, de tous ceux qui ont trop aimé la guerre.

En résumé, l'Europe se prépare à la guerre, mais de grands efforts sont faits pour le maintien de la paix.

La France, très préoccupée de rétablir l'équilibre de la République, mise en péril par les républicains eux-mêmes, attend de nouvelles destinées d'un renouvellement complet de la représentation nationale. Les hommes qui vont avoir la lourde tâche de relever nos ruines se trouveront en présence de grandes difficultés à l'extérieur; difficultés qu'il faut résoudre en faisant la lumière.

La question d'Alsace-Lorraine, cette plaie toujours saignante, ne peut être résolue par nous seuls.

Mgr Freppel s'est adressé au Souverain-Pontife.

Mais dans la même nation, tous ne parlent pas la même langue, ou, plus exactement, n'écoutent pas la même parole de vérité : vérité pour les uns; erreur, superstition pour les autres... et, à moins que toutes les doctrines se confondent, et que les chefs d'État qui décident du sort des nations n'admettent qu'une seule expression de vérité, ne reconnaissent qu'un juge suprême, à qui porter nos différends pour les résoudre, sans l'argument irrésistible de la force des armes?

Et, comme ce n'est pas l'inspiration « d'En haut » qui a préoccupé ceux qui dirigent notre cher pays de France, on est arrivé à douter de tout... même de la justice ! Ce serait une grande inconséquence de l'invoquer au delà de nos frontières ! Et c'est pour cela que ce peuple de sceptiques et de braves se résigne à se ruiner d'impôts pour entretenir un million d'hommes qui ont déserté le travail au nom des droits de la patrie, qui prime tous les autres, en dépit des idées de confraternité humaine qui ont cours.

Il est bien vrai cependant que l'humanité serait en grand progrès si elle pouvait conjurer la guerre d'État à État. Elle y arriverait en formant une grande ligue internationale pour la paix, pour le repos de l'Europe. Les adhérents se compteraient par millions et rendraient impossible, à l'avenir, ces épopées sanglantes qui ont cessé d'inspirer les poètes et qui sont la tache, l'opprobre des sociétés civilisées.

Deux questions importantes restent encore à résoudre : celle du Tonkin et celle de la Tunisie ; l'une et l'autre, engagées imprudemment, sans ligne de politique bien définie, appellent une solution prompte. Le gouvernement de la République a voilé la conquête de la Tunisie sous le masque d'un protectorat qui le tient, pour ainsi dire, en tutelle, devant les puissances étrangères. Nous avons montré les droits illusoires de vassalité de la Turquie sur la Tunisie. Ils rappellent ceux du Fils du Ciel sur l'Annam et le Tonkin. La Sublime-Porte et l'Empire du Milieu ne tiennent guère que par l'étiquette et s'inclinent devant la seule politique qui s'impose, celle des faits accomplis.

Ce n'est, sans doute, que la pression de l'Italie qui a contraint le gouvernement de la République à se contenter momentanément, pour la Tunisie, de cette forme d'occupation qui ne satisfait personne et ne définit pas d'une façon précise notre prise de possession.

La Tunisie est destinée à devenir le complément, depuis longtemps indiqué, du gouvernement général de l'Algérie.

Au Tonkin, la question est plus complexe. Cette colonie inutile et improductive pour la France a passé entre les mains des étrangers, des Chinois, contre qui la lutte d'influence est impossible, des Anglais et des Allemands. Les exploitations de mines de charbon qui peuvent devenir pour le Tonkin des sources de très grande prospérité nous ont échappé en grande partie. Les actions des mines de Hong-Hay et de Ké-Bao, dans la baie d'Along et devant le port si important de Tien-Yen, ont passé des mains de M. Bavier-Chauffour et de Dupuis, l'explorateur, qui, en avaient obtenu les concessions, à des mains étrangères. Le seul intérêt sérieux que la France pouvait trouver au Tonkin pour son industrie et son commerce nous a échappé. La liquidation du Tonkin serait tout aussi attristante vraisemblablement que celle de Panama; mais ici les responsabilités officielles se répartissent à l'infini; elles échappent. On n'aurait qu'à constater des ruines et l'imprévoyance qui a marqué tous les actes de l'administration coloniale, depuis que celle-ci a pris en mains la direction de notre colonie d'extrême-Orient.

Mgr Freppel était un grand protecteur du Tonkin. Mais le respectable prélat envisageait la question d'honneur de la France engagée surtout au point de vue des Chrétientés annamites. Elles eussent été mieux protégées par une puissance protestante que par les sectaires et les francs-maçons qui se sont succédé dans le gouvernement de la colonie. L'intérêt matériel lui échappait. Nous avons dépensé un milliard, et depuis longtemps le pays est las de tant de sacrifices.

Les républicains d'hier ont fait au Tonkin ce qu'ils ont fait en France : ils ont tout compromis! Si la cour d'Annam avait été rendue responsable du massacre des chrétiens. la France aurait encore dans ce pays, qui attendait son libérateur, le grand prestige qu'elle avait acquis par ses victoires. Nous n'avons pas su attirer à nous les classes laborieuses ni donner satisfaction à l'amour-propre national d'un pays vaincu, qui ne se soumet qu'à la force! Il se retournera contre nous.

Notre politique coloniale n'a été marquée depuis vingt années que par des inconséquences... au Tonkin, au Dahomey, dans la mer des Indes, dans l'océan Pacifique... partout!

Paix en Europe!

Trève d'expéditions aventureuses au-delà des mers, au-delà des véritables eaux territoriales de la France!

***

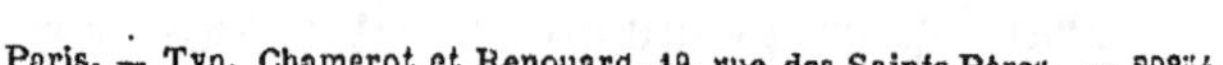

Paris. — Typ. Chamerot et Renouard, 19, rue des Saints-Pères. — 29854

www.ingramcontent.com/pod-product-compliance
Lightning Source LLC
Chambersburg PA
CBHW051626060726
47597CB00004B/1463